KB215890

神創造人是為了讓人與神溝通,
並享受幸福的生活。

神就照著自己的形象造人,乃是照著祂的形象造男造女。(創 1:27)

但因為人不順從神, 犯了罪遠離了愛我們的神。

結局: 導致不安+恐懼 / 死亡

因為世人都犯了罪, 虧缺了神的榮耀。 (羅 3:23)

因為罪的工價乃是死…。 (羅 6:23)

神憐憫人的軟弱, 差遣耶穌基督
來到這個世界, 做人罪的贖價。

… 因為神是愛。 (約 4:8)

因為人子來, 並不是要受人的服事,
乃是要服事人, 並且要捨命, 作多人的贖價。 (可 10:45)

耶穌為了贖我們所有的罪,
被釘死在十字架上, 第三天死裡復活。
並賜給我們兩件禮物。

禮物=平安/永生

我留下平安給你們; 我將我的平安賜給你們, 我所賜的, 不像世人所賜的;
你們心裡不要憂愁, 也不要膽怯。 (約 14:27)

…我來了, 是要叫羊(或作:「人」) 得生命, 並且得的更豐盛。 (約 10:10)

您想得到這真平安和永生嗎？

神懇切地希望你現在迎接耶穌，
得到這真平安和永生。

神愛世人，甚至將祂的獨生子賜給他們，
叫一切信他的，不至滅亡，反得永生。(約 3:16)

凡接待祂的，就是信祂名的人，祂就賜他們權柄，作神的兒女。(約 1:12)

耶穌現在來叩你的心門。現在您可以做出選擇了。
您希望在不安和恐懼中度過一生, 並遭受永遠的痛苦呢?
還是願意接受耶穌為生命的救主, 享受真平安和永生呢?

您願意迎接耶穌嗎?

看哪! 我站在門外叩門, 若有聽見我聲音就開門的, 我要進到他那裡去,
我與他, 他與我一同坐席。(啟 3:20)

您做了非常重要的決定。

現在,請您與我一起作這樣的禱告:

父神,我承認我是一個罪人。

我願意悔改,求祢赦免我的罪。

我相信耶穌為了我的罪被釘死在十字架上,
並且復活。

現在請祢進入我裡面,成為我一生的救主,
掌管我的一生。

奉耶穌基督的名求。

阿門。

現在已經迎接耶穌, 成為了神的兒女。

請到附近的教會聆聽神的話語, 向神獻上禱告,
過與神同行的幸福生活。